Auch Bauarbeiter müssen mal aufs Klo. Gerade werden die Klohäuschen gebracht. Im Bauwagen können die Arbeiter Pause machen.

Entdecke die Baustelle

Text von Laura Leintz
Bilder von Dirk Hennig

CARLSEN

Auf der Baustelle Sieh mal! Eine neue Baustelle wird eingerichtet. Hier soll bald ein neues Haus entstehen. Nur die Bauarbeiter dürfen auf das Gelände. Alle anderen müssen hinter dem Bauzaun bleiben.

Die Baugrube Das Haus soll einen Keller bekommen. Dafür gräbt der Schaufelbagger eine große Grube aus. Auch schmale Gräben werden ausgehoben. Die Erde wird auf die Ladefläche des Kipplasters geschüttet. Der bringt sie dann zur Mülldeponie.

Dicke Kanalrohre müssen in der Erde verlegt werden. Sie sind wichtig, damit schmutziges Wasser aus Waschbecken, Toilette und Dusche später aus dem Haus abfließen kann.

Betonmischer
Innenrüttler
Glätter

Das Fundament Für den Keller wird nun die Bodenplatte gegossen, das Fundament. Aus dem großen Betonmischer fließt der flüssige Zement in die Baugrube. Der Innenrüttler entfernt Luftblasen aus dem Frischbeton. Mit der Zeit wird der Beton ganz fest.

Starke Mauern Stein für Stein bauen die Maurer die Außenwände des Hauses immer höher. Dafür mischen sie Mörtel an, den sie mit der Maurerkelle zwischen die Ziegelsteine verteilen. Nachdem der Mörtel hart geworden ist, kriegt niemand mehr die Ziegel auseinander.

Turmdrehkran
Maurerkelle
Gummihammer
Wasserwaage
Trog für Mörtel

Zimmermann
Dachdecker
Hammer
und Nägel
Akku-Schrauber
Schrauben

Ganz oben! Jetzt ist das Dach dran. Man erkennt schon ein richtiges Haus!
Die Zimmerer bringen die Holzbalken für den Dachstuhl an und legen Holzplatten darüber. Und wer dichtet danach alles mit Dachpfannen ab? Natürlich die Dachdecker!

Sobald der Dachstuhl steht, wird er mit einem Kranz geschmückt. Dann ist Richtfest!

So viele Schilder! Auf einer Baustelle arbeiten viele Bauarbeiter mit ihren Fahrzeugen und Maschinen. Deswegen müssen alle aufpassen, dass sich keiner verletzt. Baustellenschilder helfen dabei: Manche Schilder warnen vor Gefahren, andere sprechen Verbote aus oder zeigen, wie man sich verhalten soll.

Helmschutz

Hörschutz

Augenschutz

Fußschutz
(Sicherheitsschuhe mit
Stahlkappe)

Achtung,
schwebende Lasten!

Die Installateure Nach dem Außenbau folgt der Innenausbau. Dafür braucht man viele fleißige Handwerker.
Die Installateure sind für das Badezimmer zuständig. Sie montieren Waschbecken, Toilette, Badewanne und Dusche. Und die Heizung darf auch nicht fehlen.

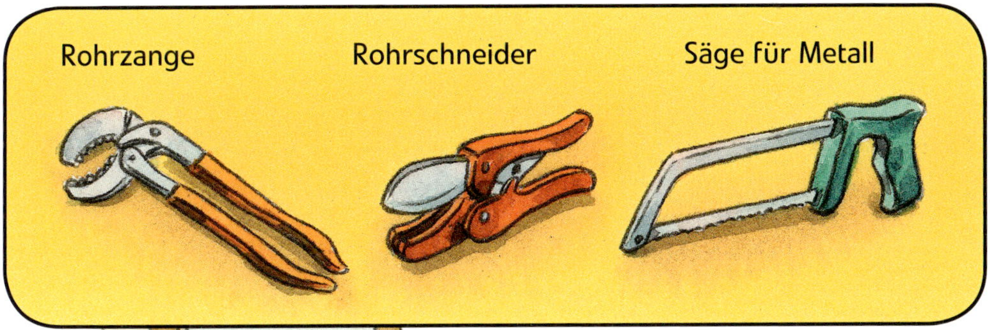
Rohrzange
Rohrschneider
Säge für Metall

Metallrohr

Die Elektriker Und was machen die Elektriker? Sie sorgen dafür, dass es im ganzen Haus Strom gibt. Außerdem schließen sie in verschiedenen Räumen Steckdosen an. Wir brauchen Strom, um das Licht anzuknipsen und Kühlschrank, Waschmaschine und Staubsauger zu benutzen.

Die Stromkabel werden
durch das ganze Haus
in den Wänden verlegt.
Danach werden die Schlitze
verspachtelt.

Die Fliesenlegerin In der Küche werden gerade die Fliesen verlegt. Platte neben Platte entsteht der Fliesenboden. Mit dem Zahnspachtel trägt die Fliesenlegerin den Kleber auf. Erst wenn die Platten schön fest sitzen, wird die Fugenmasse in die Lücken verteilt.

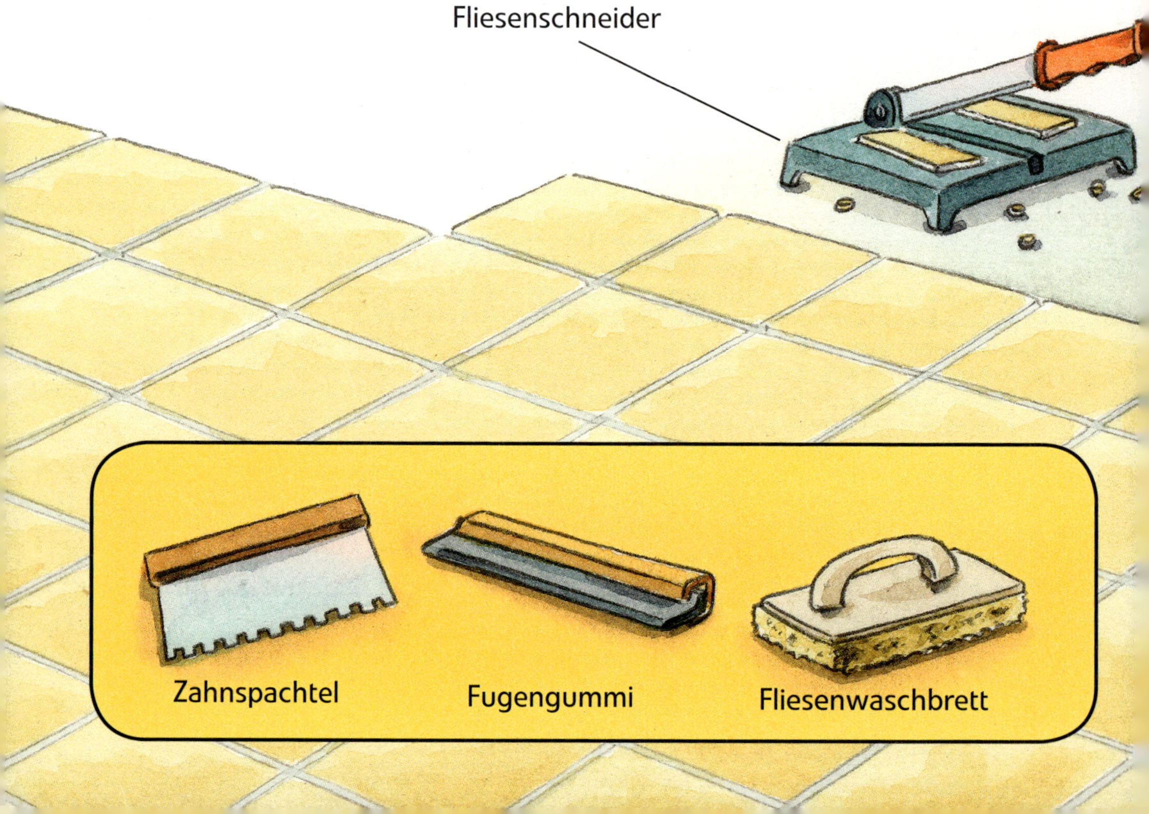

Kleber

Wände verputzen und streichen

Für schön glatte Innenwände brauchen die Handwerker Putzmörtel. Der wird in einem Bottich mit einem elektrischen Quirl angerührt. Danach wird der Mörtel mit der Zahnkelle auf die Wand aufgetragen und gleichmäßig auf ihr verteilt.

Nachdem der Putz getrocknet ist, sind die Maler dran. Mit einer Farbrolle lassen sich große Wandflächen prima streichen. Pinsel sind gut zum Streichen von Ecken und Kanten.

Der Außenputz Manche Häuser haben auch einen Außenputz. Der Maurer oder Gipser sprüht mit dem Sprühgerät die Mörtelschicht auf die Außenwände. Wie schnell das geht! Aber er muss natürlich aufpassen, dass alles schön glatt wird.

Bauen macht Spaß Hast du zusammen mit deinen Eltern auch schon einmal etwas Tolles gebaut? Erzähl mal!